NATIONAL GEOGRAPHIC

Peldaños

YOSEMITE
Parque nacional

GÉNERO Artículo de Estudios Sociales

Lee para descubrir cómo Yosemite se convirtió en parque nacional.

BIENVENIDO A
YOSEMITE

por Brett Gover

Hace millones de años, la naturaleza comenzó a formar un bello paisaje en lo que en la actualidad es el este de California. Poderosos ríos tallaron valles profundos en las laderas de una cordillera joven que llamamos Sierra Nevada. A lo largo de la cima de las montañas se formaron **glaciares**, o ríos de hielo que se mueven lentamente y se deslizaron hacia abajo. A medida que los glaciares se movían, desplazaban suelo y cortaban picos accidentados.

> Los glaciares tallaron el valle de Yosemite a partir de las rocas de Sierra Nevada.

Los glaciares hicieron su trabajo más increíble en los valles bajos entre las montañas. Como excavadoras gigantes, quitaron enormes cantidades de roca. Lentamente, hicieron que los valles fueran más anchos, y cada vez más empinados. Cuando los glaciares se derritieron, dejaron enormes pilas de roca, arena y lodo que represaron arroyos y formaron lagos. Los arroyos llevaban más arena y lodo, que depositaron detrás de los diques. Los lagos se llenaron lentamente con lodo y, después de muchos miles de años, se convirtieron en verdes prados.

Cuando los primeros seres humanos llegaron al área, encontraron una tierra de domos rocosos y muros de granito elevados. Vieron cascadas que caían desde lo alto, vastos prados y árboles gigantes. En la actualidad, esta bella tierra está preservada como el parque nacional Yosemite.

PROTEGER YOSEMITE

Los nativo-americanos fueron los primeros que entraron en el valle de Yosemite. Los historiadores creen que han vivido en el área durante miles de años. A mediados del siglo XIX, un grupo de ciudadanos estadounidenses llegó por primera vez al valle de Yosemite. Pronto se corrió la voz sobre las características poco comunes de esta área y cada vez más personas (incluidos mineros, colonos y visitantes), comenzaron a llegar al valle.

Uno de los visitantes era un joven **naturalista** llamado John Muir. Se enamoró del valle, pero le preocupaba que las personas lo estuvieran dañando al talar los árboles, construir ranchos y extraer el oro. Luchó durante años para que se protegiera Yosemite como parque nacional. Finalmente le concedieron su deseo en el año 1890. El parque sería siempre un **hábitat** seguro para las plantas y los animales de los **ecosistemas** de montaña y bosque de Yosemite.

Colonos de California entran al valle de Yosemite y encuentran que allí vivían los indígenas miwok. El pueblo miwok todavía vive en la región en la actualidad.

Gracias al trabajo de John Muir, el Congreso de los EE. UU. establece el parque nacional Yosemite. El presidente Theodore Roosevelt (izquierda) vista el parque con John Muir (derecha).

1851

1890

En la actualidad, el parque nacional Yosemite es uno de los parques más populares en el sistema de parques nacionales. Cada año, más de tres millones de personas viajan allí para disfrutar de la belleza natural de Yosemite y observar su fauna. Con todos esos turistas que disfrutan del parque, algunas partes de Yosemite pueden llenarse de personas. Pero el parque cubre casi 1,200 millas cuadradas, que es un área tan grande como el estado de Rhode Island. Por lo tanto, no es difícil encontrar espacios abiertos, paz y tranquilidad.

Se termina la construcción de vías ferroviarias desde Merced, California, hasta Yosemite. Esto hace que sea más fácil viajar allí. Los visitantes viajan en grandes grupos a California para ver el parque.

Merced Canon. Observatory Car, Yosemite Valley, R. R.
(On the road of a thousand wonders.)

Más de 3 millones de personas visitan Yosemite. Muchos toman la caminata corta hasta el pie de la cascada Bridalveil, una de las atracciones más famosas del valle de Yosemite.

Se restituye el carnero de Sierra Nevada a Yosemite. Han pasado 72 años desde que se viera a uno en el parque.

1907

1986

2011

ÁRBOL BROSO

Muchas personas que visitan el parque nacional Yosemite pasan todo el tiempo en el valle de Yosemite. Esto no es de sorprender. Pocos lugares del mundo ofrecen un escenario tan asombroso. Pero el valle es solo una parte pequeña de Yosemite. Hay mucho más en el parque.

Por ejemplo, las secoyas gigantes se elevan a gran altura en el cielo en bosques cerca de los límites oeste y sur del parque. Las secoyas gigantes pueden crecer más de 300 pies de alto, y algunas viven más de 3,000 años. El parque las protege de los leñadores, que pueden talarlas por su madera. En el bosquecillo Mariposa, en la parte sur del parque nacional Yosemite, crecen aproximadamente 500 secoyas gigantes. Uno de los más famosos de estos árboles se llama Gigante Pardo. Lee las leyendas para aprender más sobre este árbol.

El Gigante Pardo se eleva a 209 pies de altura. Esa es casi la misma altura de un edificio de 20 pisos. Su rama más baja está a aproximadamente 100 pies sobre el suelo.

209 pies

Esta es la famosa secoya gigante, el Gigante Pardo. Una de las ramas del árbol tiene casi 7 pies de grueso. Esta rama es más gruesa que el tronco de cualquier árbol que no sea una secoya en el bosquecillo Mariposa de Yosemite.

7 pies

Si viajaras al norte del valle, en las tierras altas de Sierra Nevada, encontrarías el río Tuolumne y los prados que lo rodean. Los excursionistas vienen aquí a disfrutar de millas de senderos a través de la naturaleza salpicados de lagos burbujeantes. Los osos negros pescan en las márgenes del río mientras fluye suavemente a través de prados rodeados de montañas. Los cariacú pastan la hierba densa de los prados y las coloridas flores silvestres. Como este hábitat de alta montaña está dentro del parque, la fauna está a salvo aquí. Nadie los cazará o los expulsará al construir casas en esta tierra.

20 amigos

El Gigante Pardo ha sobrevivido 1,800 años de incendios forestales, golpes de rayos, vendavales y otros peligros.

1,800 años

En la base de su tronco, el Gigante Pardo mide más de 90 pies de contorno. Para que tengas una idea de cuánto es esto, pídeles a 20 amigos que formen un círculo con los brazos extendidos y tocándose las puntas de los dedos.

La corteza en el tronco de este árbol mide al menos 1 pie de grueso.

1 pie

Compruébalo Describe algunos de los distintos ecosistemas de Yosemite.

Tres días en Yosemite

por Brett Gover

¡Bienvenido al parque nacional Yosemite! Este parque es uno de los más populares en el sistema de parques nacionales, y hacia el final de nuestro paseo de tres días creo que sabrás por qué. Es también uno de los parques nacionales más antiguos de la nación. Muchos conocen el valle de Yosemite con sus altas cascadas, formaciones rocosas que parecen domos gigantes y acantilados que se elevan hacia arriba cientos de pies. Pero creo que nuestras montañas elevadas e inmensos árboles también te asombrarán. Por cierto, no veremos todas las vistas desde la comodidad de un carro. Caminaremos, montaremos en bicicleta y cabalgaremos, así que prepárate para una aventura de verdad.

La mayoría de las personas visitan el parque para ver los acantilados elevados y las altas cascadas del valle de Yosemite.

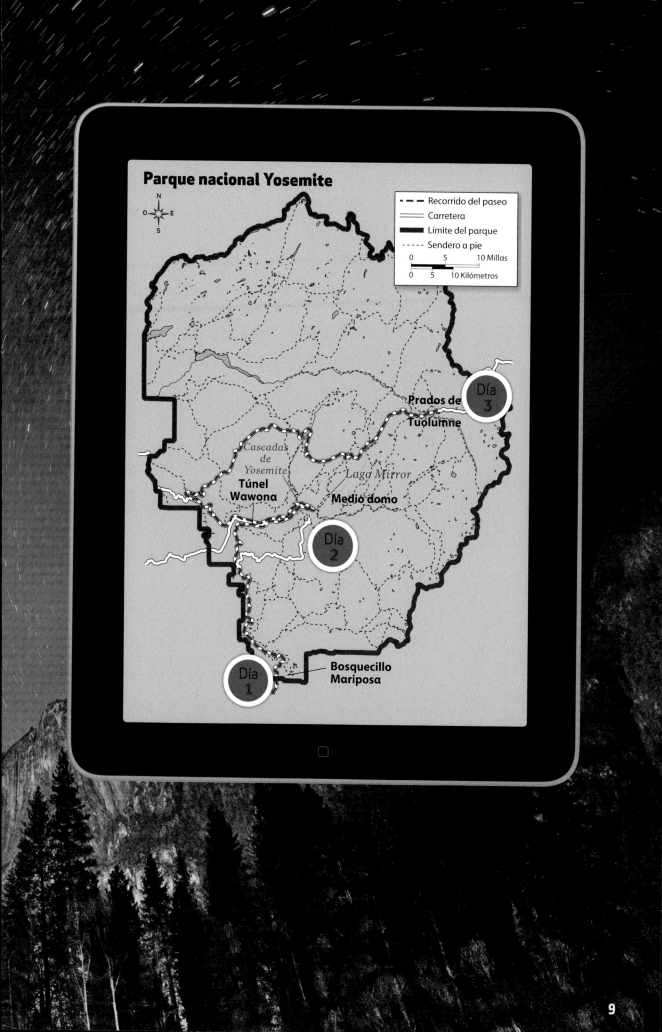

Parque nacional Yosemite

Leyenda:
- – – – Recorrido del paseo
- ──── Carretera
- ▬▬▬ Límite del parque
- ····· Sendero a pie

0   5   10 Millas
0   5   10 Kilómetros

Día 3

Prados de Tuolumne

Cascadas de Yosemite

Laga Mirror

Túnel Wawona

Medio domo

Día 2

Día 1

Bosquecillo Mariposa

Un bosquecillo de gigantes

DÍA 1

Es nuestro primer día en el parque, y estamos en nuestra primera parada, el **bosquecillo** Mariposa. Un bosquecillo es un grupo de árboles, y los árboles de este bosquecillo quizá te sorprendan. Son secoyas gigantes, y son unos de los seres vivos más grandes de la Tierra. No solo son increíblemente altas, sino también increíblemente anchas. Miden aproximadamente 300 pies de alto, y algunas miden 30 pies de ancho o más. Caminemos por el bosquecillo y veamos algunas de estas gigantes frondosas.

Uno de los primeros árboles grandes que vemos yace de costado. Lo llamamos el Monarca Caído, y aunque se cayó hace siglos, apenas ha empezado a **deteriorarse**, o pudrirse. El ácido de la madera evita que se descomponga y se deteriore rápidamente. Un poco más lejos en el sendero está uno de los árboles más grandes y antiguos del bosquecillo, el Gigante Pardo. Brotó de una semilla hace más de 1,800 años. Justo más allá de esta enorme secoya está el Árbol Túnel California. ¡Podemos caminar a través de él!

Sigamos caminando por el sendero hasta la Pareja Fiel, dos árboles cuyos troncos han crecido juntos. Más arriba, se separan de nuevo en dos árboles. En la parte más alta del bosquecillo yace un árbol caído con un túnel a través de él, el Árbol Túnel Wawona. Después de cortar el túnel en el año 1881, millones de personas pasaron a través de él, y el árbol se hizo famoso. Probablemente, todavía estaría de pie si una enorme tormenta de nieve no hubiera apilado una tonelada de nieve o más sobre sus ramas más altas en el año 1969, haciendo que se viniera abajo.

Nuestra última parada es el increíble Árbol Telescopio. Los incendios forestales han ahuecado el árbol por completo, dejando solo una especie de caparazón. Cuando estás dentro y miras hacia arriba, es como mirar a través de un telescopio gigante. Sorprendentemente, ¡este árbol sigue vivo!

Espero que hayas disfrutado caminar entre los gigantes del bosquecillo Mariposa. Mañana iremos al valle de Yosemite.

Árbol Túnel California

Monarca Caído

Pareja Fiel

Árbol Telescopio

Paredes de roca y cascadas

DÍA 2

Hoy visitaremos el valle de Yosemite. La mayoría de los visitantes ven el valle de Yosemite por primera vez desde lejos, cuando van en carro hacia el norte a través del Túnel Wawona. Cuando salen del túnel, el valle se extiende delante de ellos. A su izquierda se eleva la enorme roca llamada El Capitán, la pieza de granito más grande el mundo. A su derecha está la cascada Bridalveil, una brumosa cinta de agua que cae desde un acantilado de 620 pies de altura. Lejos, a la distancia, está Half Dome, una de las formaciones rocosas más famosas de Yosemite. Desde esta vista, Half Dome realmente parece un domo que se ha dividido por la mitad.

Una de las mejores maneras de explorar el valle es sobre dos ruedas, por lo tanto, alquilemos unas bicicletas y sigamos nuestro camino. A poca distancia del albergue, echaremos un vistazo a la cascada Yosemite, la cascada más alta de Norteamérica. El agua cae más de 2,400 pies desde el borde del valle hasta el río Merced, en tres enormes saltos. El primer salto de la cascada es casi 200 pies más alto que el edificio Empire State de Nueva York, y el tercer salto es más alto que la Estatua de la Libertad. Puedes caminar hasta la cima, pero el sendero es muy empinado.

Nuestro siguiente destino es el lago Mirror, cerca del extremo este del valle. Este pequeño lago se llama lago Mirror (espejo, en inglés) porque las paredes del valle se reflejan en su agua suave. El lago Mirror es famoso por su reflejo cristalino de Half Dome.

Vayamos por el valle y volvamos al albergue, cruzando y volviendo a cruzar las curvas del río Merced. Mañana iremos a las tierras altas.

∨ La nieve se derrite cada primavera en las alturas de Sierra Nevada. Alimenta el arroyo Yosemite, que cae en picada en el valle por la cascada Yosemite. Por eso es que las cascadas son más poderosas a fines de la primavera.

La Sierra alta

Hoy es el último día de nuestro paseo por el parque nacional Yosemite. Lo pasaremos cabalgando en la cordillera Sierra Nevada. Estas son las montañas altas del este de California. Cuando lleguemos a los prados de Tuolumne, estaremos casi una milla más alto que en el valle. ¡Por eso llamamos a este lugar "tierras altas"!

Aquí en los prados, el río Tuolumne y otros arroyos serpentean a través de un área de tierra llana que está cubierta de hierba alta y flores silvestres coloridas. Allí donde la tierra comienza a elevarse en los bordes de los prados, los bosques dominan. A nuestro alrededor, se elevan picos montañosos muy por encima de los bosques. Algunos picos todavía están coronados de nieve del invierno pasado.

Ensillemos en el establo de los prados de Tuolumne y partamos por un sendero que forma una curva alrededor de un domo de roca alto que luego corre junto al río Tuolumne. Allí donde el río se divide, el sendero sigue un **riachuelo** angosto llamado bifurcación Lyell. Subiremos a caballo hasta Twin Bridges, un prado de montaña donde dos cortos puentes de madera cruzan el arroyo. Bajemos de los caballos y caminemos en el agua fría y poco profunda. Pasaremos las siguientes horas explorando, merendando y relajándonos en la margen de granito suave del río. Luego, volveremos a montar nuestros caballos y regresaremos al establo.

Espero que hayas disfrutado nuestros tres días en Yosemite. Has visto las tres regiones principales del parque y muchas de sus características únicas. Pero Yosemite tiene mucho más que ofrecer. Hay más de lo que la mayoría de las personas podrían descubrir en toda su vida. Así que vuelve cuando quieras. ¡Yosemite es un magnífico lugar para explorar!

Una vista asombrosa recompensa a los excursionistas que llegan al pico Tenaya en la tierra alta de Yosemite.

Compruébalo ¿Qué parte del parque nacional Yosemite te gustaría más explorar? Descríbela.

La leyenda de EL CAPITÁN

relato de Elizabeth Massie
ilustraciones de Anni Betts

Hace cientos de años, los nativo-americanos llamados miwok se establecieron junto a los arroyos y los ríos de lo que en la actualidad es el parque nacional Yosemite. Cazaban, pescaban y comerciaban con las tribus vecinas. Como otras tribus, los miwok contaban leyendas, o cuentos para explicar la naturaleza que los rodeaba. Una asombrosa formación natural del valle de Yosemite es una columna de piedra gigante que se llama El Capitán, la pieza de granito más grande del mundo y un destino favorito de los escaladores de rocas. Los miwok la llamaban To-to-kon-oo-lah, y crearon esta leyenda para explicar cómo se formó y recibió el nombre la roca.

Una fresca mañana de otoño, Madre Pardo llevó a sus dos oseznos a la margen del río Merced. Quería revisar las trampas para peces que había puesto allí el día anterior.

—Quédense aquí y no se vayan —dijo Madre Pardo a sus oseznos—. Debo ir río arriba y abajo para ver si atrapé algún pez. No quiero tener que buscarlos cuando regrese.

—Oh, madre —respondió Osezno Chiquito poniendo sus ojitos marrones en blanco—. Sabes que siempre hacemos lo que debemos hacer.

—Te prometemos que no nos iremos ni nos meteremos en problemas —dijo Osezna Pequeña asintiendo con su cabecita marrón.

Madre Pardo besó a cada osezno y luego se fue sin prisa río abajo por la margen para revisar sus trampas.

Mientras Madre Pardo no estaba, Osezno Pequeño y Osezna Pequeña la pasaban muy bien jugando a perseguirse, a perseguir mariposas y a caminar en el agua de la margen del río.

Finalmente, cuando el sol les sonreía desde el punto más alto del cielo, los oseznos exhaustos se quedaron dormidos sobre una roca grande y plana. Mientras dormían plácidamente, la roca comenzó a sacudirse. Luego comenzó a crecer, elevándose tan alto que casi tocaba las nubes.

A la tarde, Madre Pardo regresó con una bolsa llena de pescados de sus trampas. Miró aquí y allá, pero no pudo encontrar a sus oseznos por ningún lado. Arrojando la bolsa de peces a un lado, Madre Pardo echó la cabeza para atrás y rugió hasta donde le daban los pulmones: —¡Que alguien por favor me ayude a encontrar a mis oseznos perdidos!

Muchos animales se apresuraron en llegar al río para ayudar a Madre Pardo. Acudió Ratón Ciervo, así como Rata Negra, Zorra Gris, Gato Montés, Leona de Montaña y un pequeño gusano medidor. Madre Pardo se cubrió el rostro con las manos y sollozó. Los animales la consolaron y le dijeron que fuera valiente. Le dijeron que harían todo lo posible para encontrar a los oseznos perdidos.

Grulla, que había estado volando en círculos, descendió súbitamente y preguntó: —¿Ve esa montaña alta de piedra que llega al cielo, Madre Pardo? Cuando pasé volando sobre ella, vi a dos oseznos durmiendo plácidamente en su cima.

Madre Pardo estaba aterrada de que sus oseznos se despertaran, se asustaran y se cayeran de la alta roca. Leona de Montaña le dijo: —No te preocupes, Madre Pardo, bajaremos a tus hijos con seguridad.

—Eso haremos —dijo Zorra Gris. Luego comenzó a reírse, pues había visto el pequeño gusano medidor, que se llamaba To-to-kon-oo-lah, de pie entre los animales.

—To-to-kon-oo-lah —dijo Zorra Gris riendo entre dientes —no hay necesidad de que estés aquí, ya que eres muy pequeño para ayudar.

—Vuelve a tu casa, To-to-kon-oo-lah —dijeron Ratón Ciervo y Gato Montés—. Rescataremos a los oseznos de la cima de la montaña alta.

Ratón Ciervo fue el primero que intentó llegar a la cima de la montaña. Saltó tan alto como pudo, pero solo llegó a una altura de dos pies en la roca antes de volver a caer. Sus patitas dejaron pequeñas marcas en la ladera de la montaña.

Luego vino Rata Negra, que saltó solo tres pies y luego se deslizó de vuelta hacia abajo. Sus patitas también dejaron marcas de rasguños en la ladera de la montaña.

—Sal de mi camino —dijo Zorra Gris mientras iba a la base de la montaña, flexionando sus patas. Se agachó, meneó su cola tupida y luego saltó con toda su fuerza. No obstante, solo pudo saltar diez pies por la ladera de la montaña antes de deslizarse de vuelta hacia abajo. Dejó aún más marcas de rasguños en la piedra.

—¡Oh! —se lamentó Madre Pardo—. ¡Nadie podrá rescatar a mis pobres oseznos!

—Amigos —dijo Gato Montés sacudiendo la cabeza—, hagan espacio y observen cómo se hace—. Respiró profundamente y saltó con las patas estiradas y las garras extendidas. Llegó a la magnífica altura de 15 pies, pero, por supuesto, incluso eso no era suficientemente alto. Se deslizó de vuelta hacia abajo, produciendo un sonido rechinante con las garras mientras raspaban el granito.

Parecía que Leona de Montaña, la más poderosa de todos, era la única esperanza que quedaba. Entrecerró los ojos, tensó los músculos y saltó hacia arriba con un rugido estruendoso. Llegó a una grandiosa altura de 20 pies, pero luego se deslizó de vuelta por la cara de la roca gigante, igual que los demás.

—No hay esperanzas —sollozó Madre Pardo mientras los animales se reunían en torno a ella de nuevo—. ¡Mis pobres oseznos quizá nunca vuelvan a estar conmigo!

Luego Gato Montés miró hacia arriba y exclamó: —¡Miren allá arriba! ¡To-to-kon-oo-lah está subiendo por la montaña!

Y ahí estaba To-to-kon-oo-lah, arrastrándose lentamente por la superficie rocosa empinada con sus piecitos pegajosos. Los animales observaban asombrados cómo subía, pulgada a pulgada, con un aire de determinación en su rostro.

Observaron durante un día, luego una semana y luego un mes. Arriba, arriba, subía el gusano medidor, muchos miles de pies hacia la cima de la montaña. Terminó el otoño y llegó el invierno con nieve y vientos, pero el pequeño gusano medidor no se detuvo ni dio la vuelta. Siguió y siguió. Cuando la última tormenta del invierno terminó, finalmente llegó a la cima.

To-to-kon-oo-lah sonrió ante los oseznos que dormían, y luego le dio unos suaves golpecitos a cada uno con su patita.

—Despierten, Osezno Chiquito y Osezna Pequeña —dijo—. Su madre quiere que vuelvan a casa con ella.

Los osos se frotaron los ojos y se sentaron lentamente. Sus ojos se agrandaron de miedo cuando se dieron cuenta de dónde estaban.

—¡Oh, no! ¡Nunca descenderemos de manera segura! —gritó Osezno Chiquito.

—Yo los ayudaré —dijo To-to-kon-oo-lah.

—¡Pero le tengo miedo a las alturas! ¿Y si nos caemos? —se lamentó Osezna Pequeña.

—Tuve tiempo de estudiar la montaña cuando subía —dijo To-to-kon-oo-lah—. Encontré puntos de apoyo donde pueden pisar y puedo mostrarles un camino para que desciendan de manera segura.

Y así To-to-kon-oo-lah ayudó a los oseznos a descender hasta el suelo del valle, donde Madre Pardo los esperaba ansiosa.

Los otros animales bautizaron a la montaña "To-to-kon-oo-lah" en honor al valiente y decidido gusano medidor. En la actualidad, la mayoría de las personas la llaman "El Capitán". Hasta hoy, algunas de las marcas de rasguños de los animales pueden verse aún en las laderas de la roca gigante.

Compruébalo ¿Qué te enseñó la leyenda de los animales sobre la forma de El Capitán?

SÚPER escaladores

por Grace Coffey

I magina que escalas un acantilado de 3,000 pies sobre el suelo sólo con la fuerza de tus dedos y los dedos de los pies para evitar caer. Sin cuerdas ni otro equipo de seguridad. Solo el acantilado y tú. Eso hacen algunos súper escaladores. La escalada de rocas es un deporte extremo que requiere destreza y sed de aventuras. Las rocas elevadas y los acantilados empinados de Yosemite atraen a escaladores de todo el mundo, pero solo unos cuantos de ellos enfrentan los riesgos que los convierten en súper escaladores. Un súper escalador es un escalador de rocas que realiza escaladas en los lugares más difíciles. En primer lugar, los súper escaladores eligen un recorrido, luego lo escalan rápidamente, con poco o sin equipo. Los súper escaladores entrenan por años antes de realizar escaladas como estas, así que, ¡no lo intentes por tu cuenta!

∧ **Dean Potter cuelga de Glacier Point en el parque nacional Yosemite.**

Escalador:
DEAN POTTER

El súper escalador que rompe récords, Dean Potter, se siente en casa en Yosemite. Puede **ascender**, o escalar, algunos de los acantilados de granito de Yosemite más rápido que lo que toma ver una película.

Estilo de escalada:
LIBRE EN SOLITARIO

Potter usa un peligroso estilo de escalada llamado libre en solitario. Escala sin cuerdas ni equipo de seguridad. Sin suministros o equipos que cargar, solo necesita levantar el peso de su propio cuerpo.

Ubicación:
GLACIER POINT

Potter escala un área de observación popular conocida como Glacier Point. Glacier Point está a 3,214 pies de altura y ofrece vistas fenomenales de Yosemite. Esta es una de las escaladas libres más difíciles del parque.

Half Dome es otro desafío tentador para los súper escaladores. Hace mucho, un río de hielo, o glaciar, se desplazó por el valle de Yosemite y cortó parte de Half Dome. En la actualidad, este pico tiene una pendiente redondeada de un lado y un acantilado agudo del otro lado.

Una vista sin igual

Hasta el año 1958, el pico conocido como El Capitán se consideraba imposible de escalar. La primera escalada exitosa tomó 47 días. Incluso en la actualidad, a la mayoría de los escaladores les toma de cuatro a cinco días llegar a la cima. Los veloces súper escaladores han recortado el récord a menos de dos horas y media.

"La Nariz" es el recorrido de escalada más famoso de El Capitán. Este desafiante recorrido asciende la enorme roca casi en forma completamente vertical. Al escalador promedio le toma varios días llegar a la cima, pero **descender**, o bajar, es mucho más fácil y solo toma unas cuatro horas.

El Capitán

Kevin Jorgenson escala El Capitán en el parque nacional Yosemite.

Escalador:
KEVIN JORGESON

Kevin Jorgeson saboreó por primera vez la escalada en un gimnasio cuando tenía 12 años. Este escalador de California descubrió que la escalada de rocas era un deporte natural y cómodo. De adolescente, comenzó a ganar competencias nacionales. Incluso viajó a Europa para competir en montañas altas de allí.

Estilo de escalada:
ESCALADA LIBRE

Como muchos otros súper escaladores, Jorgeson escala libremente con clavijas, cuerdas y carabinas. Las clavijas son púas de metal que adhieren las cuerdas de los escaladores a la roca. Las carabinas son argollas de metal alargadas que están sujetas a la cuerda. Una carabina conecta la cuerda de Jorgeson a su arnés. Ese es su único equipo, prácticamente. Esas herramientas lo mantienen asegurado a la cuerda y la pared de roca en caso de que se resbale.

Ubicación:
EL CAPITÁN

Esta roca colosal es el **monolito** de granito más grande del mundo. El Capitán es la montaña más tentadora de Yosemite para los escaladores serios. El "capitán" o "jefe" es uno de los últimos desafíos en la escalada de roca. Sus paredes se elevan más de 3,000 pies del suelo del valle de Yosemite. Los que han llegado a la cima dicen que la fabulosa vista vale el increíble esfuerzo.

Lo que sube debe bajar

Los súper escaladores también pueden ser súper saltadores. Después de una escalada difícil a la cima de un pico como Half Dome, algunos súper escaladores optan por el **salto BASE** en lugar de caminar de vuelta hacia abajo. Los saltadores BASE usan paracaídas o "trajes aéreos" especiales que se llenan de aire. Cuando saltan, van en caída libre por un momento. Luego, abren su paracaídas o extienden las "alas" de su traje para aterrizar de manera segura.

Estos saltadores BASE saltan de la cumbre de Half Dome. Aterrizarán en el piso del valle de Yosemite, casi 5,000 pies más abajo.

Estilo de descenso:
SALTO BASE

¿Estos súper escaladores realmente se lanzan en paracaídas de un acantilado en Yosemite? ¡Sí! Hacen salto BASE. Los saltadores BASE saltan de lugares descabellados, entre ellos acantilados, puentes y la cima de Half Dome en Yosemite. Después de escalar Half Dome, dependen de paracaídas livianos para flotar de manera segura de vuelta al suelo del valle.

Ubicación:
HALF DOME

Half Dome atrae a muchos buscadores de emociones. Llegar a la cima de la roca es muy difícil. Los excursionistas deben usar cables de acero adheridos a la ladera redondeada de la roca para llegar a la cima. Solo los escaladores más expertos escalan el acantilado plano de Half Dome. El acantilado tiene 2,000 pies totalmente verticales. Y solo los súper escaladores más extremos se enfrentan a la escalada sin más equipo que un paracaídas para su viaje hacia abajo.

¿Qué significa BASE (por sus siglas en inglés)?
Este acrónimo del inglés representa cuatro tipos de estructuras desde las que se lanzan los saltadores.

E DIFICIOS
A NTENAS
P UENTES
T IERRA

NATIONAL
GEOGRAPHIC

JIMMY CHIN

Fotógrafo extremo

Apuntar una cámara a otros escaladores mientras te equilibras en la ladera de un acantilado no es tarea fácil. Pero así es como el fotógrafo de *National Geographic* Jimmy Chin se gana la vida. Con equipos colgantes y nervios de acero, Chin escala junto a quienes fotografiará para capturar las mejores imágenes. Fotografía unas tres o cuatro expediciones importantes por año, en las que registra viajes riesgosos en montañas de todo el mundo. Depende en gran medida de su experiencia como escalador y esquiador. Observa las fotos de Chin más abajo. ¡Puedes ver por qué es uno de los mejores fotógrafos extremos de montaña del mundo!

Pender de un hilo

Para tomar estas fotos, Jimmy Chin cuenta con sus destrezas de escalador experto y su valentía. A Chin le encanta la escalada libre, pero a veces no es una opción. Cuando sus ojos están sobre el deportista y sus manos en la cámara, la escalada libre es muy difícil. Allí es cuando Chin opta por la escalada artificial. Usa cuerdas, carabinas, martillos, poleas y otros equipos de seguridad como ayuda para escalar. No importa qué equipo de seguridad usen, los escaladores de rocas deben tener cuidado.

Chin usa una cuerda, arnés y carabinas para ascender El Capitán.

Compruébalo ¿Por qué se llama "súper escaladores" a estos aventureros?

Comenta

1. Indica algunas de las maneras en que crees que se relacionan los cuatro artículos de este libro.

2. Comenta la historia del parque e indica qué se ha hecho y se sigue haciendo para proteger sus hábitats ecosistemas.

3. El primer y el segundo artículo describen la geografía y las vistas del parque nacional Yosemite. Describe cómo se formaron y se siguen formando algunas de las características naturales del parque.

4. ¿Qué hace que un súper escalador sea diferente de un escalador de rocas común? ¿Qué opinas de los riesgos que toman los escaladores?

5. ¿Qué más quieres saber sobre las maravillas del parque nacional Yosemite y por qué se intenta mantener a salvo este lugar?